M. GAMBETTA

SECOND PRÉSIDENT DE LA RÉPUBLIQUE FRANÇAISE

PAR L. F.

« Il s'agit de refaire le sang, les os, la moelle de la France. »
(DISCOURS DE M. GAMBETTA A BORDEAUX. — JUIN 1871.)

PARIS

ARMAND LE CHEVALIER, ÉDITEUR

61, RUE DE RICHELIEU, 61

—

1871

Tous droits réservés

DU MÊME

Pour paraître prochainement :

HISTOIRE DE LA COMMUNE DE PARIS EN 1871

1 vol. in-18

FRAGMENTS DE PHILOSOPHIE POLITIQUE

1 vol. in-18

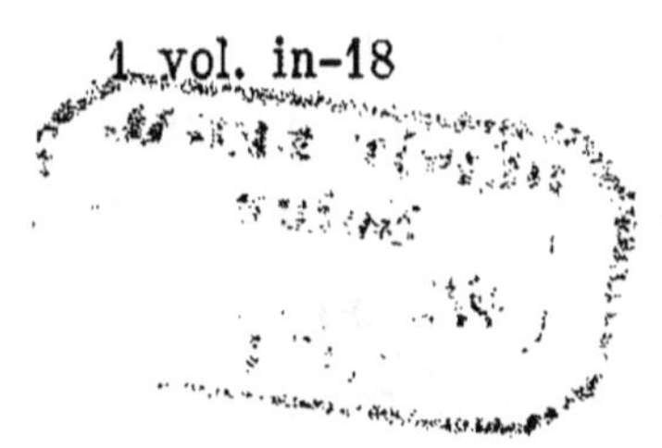

Paris. — Imp. Émile Voitelain et C⁰, rue J.-J.-Rousseau, 61

M. GAMBETTA

SECOND PRÉSIDENT DE LA RÉPUBLIQUE FRANÇAISE

Lettre à un Journaliste de province

Monsieur,

Vous saluez comme nous avec joie le grand mouvement républicain qui entraîne aujourd'hui les électeurs, et les réponses du suffrage universel trois fois consulté depuis le mois de juillet vous remplissent d'un légitime et enthousiaste espoir : notre noble et malheureuse nation montre à tous qu'elle est capable encore de quelque virilité et que son histoire n'est point déjà celle des empires en décadence auxquels ses ennemis intérieurs et extérieurs se plaisent avec une brutale haine à la comparer ; d'ailleurs n'est-il point clair que les mourants et les morts n'ont point d'ordinaire coutume d'exciter autour d'eux toutes les colères et les défiances que nous voyons. A ces manifestations vivaces

et déjà fécondes de la véritable démocratie française, aux
cris d'inquiétude qui accompagnent ce réveil, aux menaces qui se profèrent, aux mensonges et aux calomnies
qui se déchaînent à nouveau à ciel ouvert et dans l'om-
bre, il est facile de voir que la France est encore vivante
et que son rôle n'est point achevé dans l'histoire générale. Ce siècle, si agité et si rempli, a fait supporter aux
diverses générations qui se sont succédé depuis la
grande période réformatrice de la fin du siècle précédent
une série d'expériences d'autant plus instructives qu'elles
ont été plus cruelles, et aujourd'hui nous voyons que ces
grands enseignements portent leur fruit, nous voyons
qu'une saine défiance anime le peuple entier contre les
régimes politiques déchus dont il a déjà par trois fois
constaté les vices, la corruption, l'inanité orgueilleuse,
les calculs égoïstes et faux, les avortements désastreux.
Désormais nous pouvons croire que la monarchie, dont
nous avons essayé toutes les formes, depuis la monarchie
du droit divin, représentant, en dépit de sa prétendue
reconnaissance des conquêtes inaliénables de l'esprit
moderne, les priviléges de la noblesse et la religion
d'État, depuis la monarchie constitutionnelle qui n'est
que le triomphe des prétentions exclusives de la classe
bourgeoise, et deviendrait fatalement la mutilation du
suffrage universel, jusqu'au césarisme, cette forme hy-
bride, bâtarde, monstrueuse, qui veut nous montrer en
un homme, tyran absolu, l'incarnation du peuple souve-
rain et libre, nous pouvons croire que la monarchie est
semblable à ces superstitions antiques que le positivisme
montre au loin dans le passé de l'humanité et relègue
parmi les souvenirs de son histoire. Des évolutions fatales

ont amené, à l'heure présente, en France du moins, cet irrévocable dénoûment, et il faut nous réjouir d'être ceux qui sont appelés à y travailler et à l'achever. Que nous manque-t-il, en effet, pour savoir et pour prévoir? 1830 et 1848, comme 1814 et 1870, ne nous ont-ils point suffisamment instruits et ne retrouvons-nous pas en toutes ces crises diverses la main du maître qui provoque et maltraite, qui tient pour sa chose un peuple tout entier de citoyens, qui, uniquement soucieux de sa fortune, de son renom, des conseils et des souhaits de ses familiers, risque, prodigue et jette, pour toute chimère, le bien et le sang de la nation? Autour du maître, ne voyons-nous point toujours la cohue qui poursuit dans l'adulation, la bassesse, dans l'abdication de toute opinion personnelle et inspirée par une patriotique raison, ses plans de cupidité ambitieuse? Ici, c'est Polignac, là Guizot, là Ollivier. Ne sommes-nous pas suffisamment instruits sur la valeur morale et l'amour du bien public de cette race de gouvernants?

Vous aviez, du reste, Monsieur, ainsi que beaucoup d'autres, compris et professé cette opinion capitale sur le gouvernement des empereurs et des rois bien avant que la chute du second Empire fût venue lui donner une dernière et définitive sanction. Aussi, pour les esprits impartiaux qui aiment à rendre justice à quiconque la mérite, les hommes du 4 septembre n'ont fait que devancer les vœux de l'opinion publique en en réalisant sur l'heure l'accomplissement, et n'est-ce point d'ailleurs un significatif symptôme que la prise de possession du pouvoir par un groupe de républicains d'opposition parlementaire, ayant pu former ainsi, au sein d'un gouvernement mo-

narchique absolu, une sorte de gouvernement tout constitué, tout prêt à fonctionner au premier jour de crise?

Cependant, il nous a fallu assister à un spectacle à la
fois ridicule et douloureux. Si nous n'avons jamais cru,
pour notre part, à la réalisation des menaces de restaura-
tion monarchique d'où qu'elles vinssent, de l'une ou
l'autre branche des Bourbons, et surtout de l'hôte de
Chislehurst, nous n'avons point laissé d'être surpris de
voir encore çà et là autour de nous des menées dont le
but, impudemment avoué, ne tendait à rien moins qu'à
renverser l'unique gouvernement où se pourraient désormais rencontrer la paix intérieure, la prospérité, la sécurité et le prestige dans les relations internationales. Ces
menées, ces attaques, ces conspirations contre la République *intérimaire*, suivant le mot nouveau, n'ont, nous
le savons, nul écho dans le pays, mais il n'en serait pas
moins impolitique et imprudent de ne point s'en préoc-
cuper. Les agitations superficielles, causées par ces conspirations officielles ou secrètes, entretiennent une sorte
de malaise que les conspirateurs cherchent à exploiter au
profit de leurs espérances coupables et de leurs mensongères promesses. Les coupables, on les nomme partout :
ce sont ces princes d'Orléans qui, sous le masque de sim-
ples citoyens, cachent les aspirations et les projets com-
muns aux prétendants, depuis le chef de la maison, le
personnage d'une nullité déjà célèbre, jusqu'à cet Henri
d'Orléans qui s'offrirait pour jouer indistinctement le rôle
de général Cavaignac, de prince-président ou de lieute-
nant général du royaume, selon les besoins du moment;
c'est toute cette horde bonapartiste impudente qui a fui
au 4 septembre, quand Sedan eut terminé la longue orgie

impériale, et revient aujourd'hui, la guerre terminée, la démocratie ultra-radicale momentanément abattue, pour critiquer et renverser ceux qui n'ont pu supporter l'épouvantable faix, le triste héritage légué par l'Empire croulant ; c'est ce prince, beau-fils du comte Lucchesi-Palli, inconnu aux générations auxquelles il ose s'adresser et promettre prospérité, gloire, bonheur, lui qui ne représente que priviléges, droit divin, écrasement des classes qui constituent aujourd'hui le véritable corps de la nation, la bourgeoisie laborieuse et le peuple ouvrier ; c'est enfin cette armée d'évêques, ce clergé inférieur, toujours prêts à lever l'étendard de la révolte contre la société civile, contre l'esprit et la science modernes, alliés nécessaires de tous les ennemis de la liberté et de la démocratie, de tous les conspirateurs monarchistes, cette église catholique d'esprit ultramontain qui s'est trouvée mêlée à tous les complots, à toutes les aventures de politique intérieure et extérieure fatales à la patrie.

L'Assemblée nationale, bien qu'elle ait prononcé la déchéance du dernier Bonaparte, non plus que le premier président de la République française, qui, cependant, a blâmé la rentrée des familles royales, n'a su s'engager dans une saine voie de réorganisation appropriée, ni même persuader qu'elle voulait franchement la forme républicaine. Jusqu'ici gouvernement et assemblée n'ont guère répondu aux nécessités si graves des affaires publiques, et ils se sont montrés manifestement au-dessous du rôle important qui leur était dévolu. Les pessimistes voudraient même ne voir encore qu'un avortement nouveau dans les événements présents, si décevants et si pauvres, lorsqu'on les rapproche des espérances générales de réformes radicales, qui devaient s'affirmer publiquement le jour où il se répéterait en Europe qu'il y avait de nouveau une République française. Vous ne croyez, certes, point, Monsieur, à de telles exagérations, et cependant vous vous demandez, comme nous, quelle partie du grand programme républicain et démocratique, tant de fois proposé par tous les candidats de l'opposition sous l'Empire a été réalisée, quelles institutions nouvelles et fécondes sont venues commencer la régénération? Où est-elle, en effet, cette armée nationale, où chaque citoyen, sans exception, devait faire acte de présence? Nous voyons une armée permanente, reconstituée sur le modèle des armées de l'ex-empereur Napoléon III, que commandent les mêmes généraux, favoris du prince, brillants courtisans aux Tuileries, héros de Sedan ou de Metz. Nous nous souvenons que M. Thiers ne s'est rallié qu'à contre-cœur au principe du service obligatoire, qu'il a presque agréé les offres de service du maréchal Canrobert, le coupable vainqueur dans la bataille du boulevard Montmartre en décembre 51. La séparation de l'Église et de l'État, comme aux États-Unis, comme dans tout état libre, n'était-elle point réforme assurée à cause de sa nécessité? Les manifestes récents des évêques de Séez, d'Évreux, de l'archevêque de Rouen et autres, et des représentants de la droite, comme M. Belcastel, les velléités d'indépendance malveillante du pontife ex-roi, de Pie IX dans la nomination aux évêchés vacants en France, nous avertissent que plus que jamais l'esprit moderne, la science, la liberté de conscience, les libres agissements de l'État sont niés et attaqués; que là aussi les conspirateurs attendent le moment qui leur semblera propice. La réforme judiciaire ne paraissait pas moins nécessaire ; mille projets qui respiraient l'amour de la justice, le souci de sa dignité et de son autorité étaient proposés, depuis celui qui veut que le juge soit nommé par l'élection populaire au sein même du corps électoral, jusqu'à celui qui s'en tient à le choisir dans les corporations compétentes et recommandées à cette fonction par leur connaissance du droit. En réponse à ces chimères d'agitateurs et d'idéalistes, notre magistrature nous montre dans ses rangs des hommes qui ont fait partie de commissions mixtes, qui ont prostitué la majesté de la justice dans d'odieuses persécutions politiques après l'attentat de Louis-Napoléon Bonaparte, ou des hommes comme le président Devienne. Que parler maintenant de réformes sur les impôts ? D'impôts sur la rente ? M. Thiers a déclaré qu'il ne saurait consentir à une telle innovation. Quant à M. Jules Simon, présentera-t-il jamais des projets de lois d'instruction obligatoire et gratuite, d'enseignement libre ? A cette énumération rapide, il se pourrait ajouter d'autres réformes indispensables aussi ; mais il n'est point nécessaire de tant insister.

Que faire ? A quoi s'arrêter dans une telle situation, où ceux qui pourraient agir pour le bien public ne le peuvent pas, ne l'osent pas, ou ne le veulent pas, mais laissent le champ libre à l'action funeste de ceux qui ne peuvent oser et vouloir que le mal du pays ? Le pays lui-même s'est chargé de nous indiquer le remède. Avec un magnifique ensemble, tout spontané, tout libre, par une forte et immense manifestation pacifique, il vient encore de parler, et sa grande voix doit faire désormais cesser les doutes injurieux, comme les oppositions coupables. Il ne saurait convenir de douter plus longtemps de la volonté de la nation ni de tenter encore de lui résister, de lui faire échec. Pour tout esprit quelque peu honnête et clairvoyant, les élections partielles de juillet, les élections municipales et les élections pour les conseils généraux, toutes indiscutablement républicaines, signifient l'affirmation éclatante, à la face des prétendants à un trône de France restauré, à la face des armées de l'empereur d'Allemagne, encore campées dans nos malheureuses provinces ravagées, à la face de tous les rois d'Europe, l'affirmation éclatante du gouvernement républicain, la dissolution immédiate de l'Assemblée nationale, élue avec le mandat impératif de traiter de la paix ou de continuer la guerre, et naturellement le renvoi du pouvoir exécutif tel que l'ancienne assemblée de Bordeaux l'a constitué, enfin, de nouvelles élections générales, véritable expression, cette fois, de la volonté nationale, et qui ne la verront point comme hier, comme aujourd'hui encore, trahir et éluder.

Cette dissolution de l'Assemblée nationale, vous l'appelez comme nous, Monsieur, de tous vos vœux les plus ardents et les plus patriotes, car la manifestation du suffrage universel qui la suivra, doit, nous l'avons tous compris, sauver la France des dangers, dont de criminels partis que rien n'arrête, ni les malheurs de la patrie, ni la crainte des guerres civiles, ni le souci de la liberté publique, ni celui de la prospérité nationale, voudraient encore la menacer, affermir à jamais dans notre chère et malheureuse patrie, le seul gouvernement désormais possible, et avec lequel la volonté nationale ait toujours le dernier mot, sans craindre ni coups de force, ni violence, régénérer enfin le corps de la nation par des institutions démocratiques, appropriées à notre génie, qui feront de nous et de nos fils, de la foule des générations contemporaines et futures, une race forte, courageuse, saine, juste, morale, instruite, dégagée des superstitions religieuses et libre. Le moment où toutes ces choses seront des réalités approche, et ceux mêmes qui le nient s'efforcent trop publiquement de le reculer pour qu'il ne paraisse point clairement que l'intérêt personnel et d'égoïstes calculs d'ambition et de cupidité les guident seulement dans une telle conduite. Quant à nous, qui parcourons des yeux cet avenir prochain, nous nous plaisons déjà à en marquer les phases probables et espérées, nous supputons et comptons tous les biens qui doivent en résulter sur tant de points pour le pays : La nouvelle assemblée et le pouvoir exécutif qui sortira de son sein comme la véritable et fidèle expression du génie de la nation, en augureront enfin l'ère féconde, tant de fois vainement appelée.

Il vous avait bien paru, et votre clairvoyance connue était d'ailleurs un juste garant de cette observation, que le nouveau pouvoir exécutif aurait à jouer un immense rôle, et que de sa valeur et de ses actes dépendrait en grande partie le succès de la réforme générale; sans nous perdre ici en vaines discussions sur les limites de l'exécutif et du législatif sur leur action légitime et distincte et sur leurs rapports, nous croyons que vous avez sainement jugé qu'il ne suffirait point d'une assemblée nouvelle, franchement républicaine, sincèrement dévouée au bien public et animée d'un véritable esprit de perfectionnement et de progrès, pour l'exécution d'une tâche si gigantesque. Le génie de notre patrie, les habitudes de notre esprit national, les traditions de notre histoire, non moins que les nécessités du temps, exigent impérieusement que ce pouvoir exécutif soit confié à un homme politique jeune, enflammé d'amour pour la patrie, chez qui l'ardeur et l'enthousiasme s'allient à une profonde connaissance de la politique scientifique et positive, administrateur pour qui la pratique des affaires n'ait point de secrets, connaisseur en hommes et sachant les manier, méprisant les préjugés, les conventions officielles, les délicatesses, les hypocrisies des partis monarchiques, d'un caractère viril et ferme, ne reculant point devant les obstacles, sachant les briser quand il convient, quelquefois les tourner, familiarisé avec les questions militaires, puisque la politique de nos voisins ne veut point se tourner vers des voies pacifiques, enfin, offrant un passé libre d'attaches suspectes, et où ne se trouvent à chaque page que des témoignages d'attachement sincère à la cause du peuple. Tel doit être l'homme qui deviendra le premier magistrat responsable, qui sera appelé le second président de la République française.

Cet homme, ce prétendant de la démocratie, comme l'appelait il y a quelques jours, non sans quelque raison, un publiciste de talent; son nom est depuis tantôt trois ans sur toutes les bouches; il fut la première protestation énergique et significative contre l'Empire; il a personnifié, durant quatre mois de lutte contre l'étranger, le génie de la France républicaine; après avoir été l'espoir contre les envahisseurs, il l'est devenu contre les coalitions des monarchistes, et tous le désignent aujourd'hui pour ce grand rôle : c'est M. Gambetta.

On a compris la valeur d'un homme de cette trempe et de ce caractère pour une nation en péril : par les talents et l'éloquence que montra le député au Corps législatif, serviteur opiniâtre et dévoué de la cause populaire, par l'énergie enthousiaste et organisatrice du ministre de la guerre, qui fut, comme le premier général, le premier soldat de l'indépendance de la patrie, par le génie politique du ministre de l'intérieur, contenant sans coups de violence les ultra-radicaux des grandes villes, et utilisant dans la crise leurs qualités d'activité et d'énergie, par ce qu'il a fait, enfin, on a compris ce qu'il saurait faire encore. Nous ne vous rappellerons pas ici son attitude sur les bancs de l'opposition pendant les années 1869 et 1870; vous savez suffisamment avec quel étonnement et quelle admiration on vit ce jeune homme, inconnu la veille, non point égaler, mais surpasser du premier coup les plus illustres et les plus célèbres, faire preuve dans les combats parlementaires d'un tact, d'une finesse et d'une souplesse politiques, qu'on n'avait point vues depuis longtemps, montrer un génie oratoire égal à celui des plus grands tribuns de la première révolution. Malgré la compression étouffante d'un césarisme odieux, empêchant toute manifestation intellectuelle, vivace et féconde, malgré la proscription publique et secrète de tout ce qui pouvait porter ombrage par les menaces d'un jeune talent libre, au milieu de cette disette d'hommes publics, un grand citoyen avait pu se révéler. N'est-ce point là le propre d'une supériorité manifeste, de faire servir à sa fortune les circonstances les plus contraires ?

Les hautes facultés de politique et de gouvernement de

M. Gambetta eussent certainement toujours trouvé au milieu des circonstances les plus diverses et des événements les plus opposés à s'employer; son tempérament, sa jeunesse, le destinaient à de belles et hardies entreprises, et un tel champion de la cause démocratique devait jouer nécessairement un rôle actif, brillant et utile. Ennemi mortel du despotisme impérial, des hontes et des turpitudes de ce régime, il méprisait et haïssait profondément le maître et les valets, ces aventuriers bonapartistes; dans un discours justement célèbre, il les avait flétris et marqués au front, les comparant à cette tourbe impériale impure, dont Tacite et Suétone nous ont dévoilé les horreurs, les cruautés dépravées et monstrueuses, les infamies. Nous l'avons vu agir au 4 septembre. Croyez, Monsieur, que le second Empire n'eût pas rencontré de plus actifs adversaires en d'autres occasions, si la lutte armée entre le parti républicain irréconciliable et les hommes de décembre eût éclatée plus tard, et alors que des influences, des causes étrangères, comme la guerre franco-prussienne, ne fussent pas venues modifier la situation.

M. Gambetta eut donc à mettre au service du pays, au milieu des circonstances les plus terribles et les plus adverses, son ardent patriotisme, son dévouement honnête et convaincu, ses talents connus du petit nombre, mais soupçonnés et comme pressentis de la foule. De cette France abêtie, démoralisée, ruinée, trahie, abattue, il ne désespéra point : Il sut faire passer de son âme ardente dans l'âme impressionnable des masses tous les sentiments de courage patriotique, de foi invincible, de confiance tenace, de résistance opiniâtre, qui l'embra-

saient. C'est dans cette crise douloureuse que cet esprit
fécond et créateur eut à s'exercer, jeté sans doute bien
loin des voies où il avait espéré marcher, où le poussaient
naturellement les principes de paix et de réformation intérieure, inscrits de longue date dans le programme de la
démocratie française. Nous avons vu cependant à quelles
hauteurs il monta de suite, et que pour n'avoir point
prévu le rôle qu'il aurait à jouer, le chef de la délégation
de Tours et de Bordeaux se montra de force et de taille à
supporter victorieusement un fardeau, sous lequel tout autre
que lui eût été écrasé. Nous avons tous lu (du moins ceux
d'entre nous qui ont pris part à la guerre dans Paris assiégé,
et n'ont pu suivre ainsi de visu les phases de la lutte en province) les quelques récits impartiaux, écrits sur cette
période de notre histoire, et cette simple lecture, en met-
tant même à part le récit des témoins, nous a appris que,
grâce à M. Gambetta, grâce au patriotisme éveillé dans
la nation par le spectacle de son patriotisme, de son enthousiasme et de ses intelligents et vaillants efforts, ces
quatre mois ne seront point sans gloire, malgré tant de
malheurs. La France, après le désastre de Sedan, tandis
que le traître Bazaine se préparait à livrer, par une capitulation criminelle, notre plus belle armée et notre grand
boulevard, subitement privée de toutes ses forces vives,
de toutes ses ressources, sans soldats, sans généraux,
sans état-majors, sans armes, sans artillerie, sans cavale-
rie, sans munitions, aux prises avec un peuple d'envahisseurs, véritable horde d'invasion par le nombre, mais
merveilleusement disciplinée, organisée, armée et com-
mandée par une élite savante, et, il faut le dire, vraiment
patriote, la France, déshabituée par les corrupteurs et

les corruptions de l'ère impériale, d'agir, de penser, de croire en elle-même, à la voix de M. Gambetta, se releva à demi, et, faisant appel à la bonté de sa cause, au reste de vertus et de courage, dont Bonaparte n'avait pu détruire le germe, reprit la lutte, et sut porter encore à un ennemi, qui ne doutait déjà plus de la victoire, des coups terribles et dangereux, dont plus d'un eût pu devenir mortel. Cette épopée trouvera tôt ou tard, n'en doutez pas, Monsieur, un historien digne d'elle, qui saura nous en montrer toutes les grandeurs, et ce ne seront point des pages qu'un Français pourra parcourir sans une émotion profonde, sans un légitime sentiment d'admiration. Il montrera cet homme passant à travers les lignes ennemies et bravant leur colère, leur fusillade impuissante, par une fuite courageuse et imprévue ; il le montrera inventant, créant là où il n'y avait plus rien, faisant des soldats de la foule des citoyens, jusqu'alors tenus à l'écart par un pouvoir ombrageux, et sans habitude des armes, fondant des canons, fabriquant des fusils, s'assurant des concours dévoués et distingués parmi les classes les plus instruites de la nation, cherchant des agents et des secours, et, avec le flair heureux du véritable homme d'état, sans préjugés ni indécision, les trouvant partout ; ce chef de gouvernement, qui ne s'entoure, d'après de lourdes et grossières calomnies, que d'aventuriers sans conscience, sans valeur, sans considération, sans honnêteté même, qui encombre les bureaux de ses ministères de grotesques ignorants et sans moralité, les commissions diverses de bohèmes, obscurs et décriés, a pour délégué au ministère de la guerre un homme du mérite de M. de Freycinet ; il emploie des ingénieur éminents comme MM. Théodore et Maurice Lévy, de Serres, comme M. Rousseau, que la ville de Brest vient d'envoyer à l'Assemblée comme député républicain, et tant d'autres. Près de lui nous trouvons des citoyens d'une honorabilité et d'un talent connus, tels que MM. Ranc, Laurier, Spuller ; parmi les préfets, nous cherchons vainement, il est vrai, un Janvier de la Motte ; l'illustre M. Littré accepte une chaire de professeur des mains de l'usurpateur, et l'Académie des sciences elle-même se laisse corrompre dans la personne du savant Charles Robin.

C'est dans le choix des généraux placés à la tête des armées de la République qu'éclatent dans tout leur bonheur le flair et la perspicacité de M. Gambetta : ici ses plus acharnés détracteurs sont forcés de faire taire leurs accusations et de modérer leur passion jalouse de dénigrement. Les décrets qui ont nommés commandants en chef de la deuxième armée de la Loire et de l'armée du Nord les généraux Chanzy et Faidherbe ne pouvaient être discutés ; derrière ces noms estimés il faut placer ceux de l'énergique général Clinchant, un des officiers généraux qui, on s'en souvient, ont voulu, au moment de la capitulation de Metz, tenter un suprême et héroïque effort, des généraux Borel, Billot, Gougeard, Jauréguiberry, Jaurès, Cremer. M. Gambetta sut distinguer tous ces hommes de mérite et les placer aux postes où ils pouvaient le mieux et le plus utilement servir le pays ; peut-être les ovations faites au général Garibaldi, le seul étranger qui eût après tout apporté à la France un concours effectif, et le commandement de l'armée des Vosges exercé par le célèbre patriote italien, sont-ils aussi de sérieux griefs, mais ce n'est point parmi nous qu'ils pourront trouver le plus faible écho.

L'histoire admirera aussi cette activité, que rien ne lasse ni ne décourage; ce besoin impérieux de tout voir, de tout contrôler, d'animer de sa présence les troupes, les camps, presque les champs de bataille; après Coulmiers, voilà que le chef de la Délégation de Tours vient au camp d'Orléans pour féliciter les jeunes troupes victorieuses; quand Orléans est repris par les Prussiens, il accourt tout bouillant d'impatience, et le train qui le conduit croise les dernières colonnes françaises qui évacuaient la ville, et reçoit la fusillade des tirailleurs ennemis; le voici à Bourges, travaillant avec le général Bourbaki à reconstituer la première armée de la Loire, que l'armistice, conclu par le gouvernement de Paris, destinait au désastreux passage en Suisse; le voici à Lille après la bataille de Saint-Quentin, reconfortant la population et l'armée de sa forte et mâle éloquence et élevant partout les cœurs.

Les récriminations violentes qu'a suscité l'immixtion continue de M. Gambetta dans l'organisation des armées et dans la direction stratégique à leur donner contre les envahisseurs, ne mériteraient point, aux yeux des hommes sensés et de bonne foi, l'honneur d'une réponse; cependant, M. de Freycinet, dans son bel ouvrage historique, *la Guerre en Province*, a voulu prendre corps à corps ces accusations pour les réduire à leur juste valeur. La première partie de la guerre nous a montré, par une série d'épouvantables et décisifs revers, ce que pouvaient causer l'absence de plans et le manque d'indécision dans la direction centrale; surpris les uns après les autres, plusieurs de nos corps d'armée, composés de troupes d'élite, furent successivement anéantis par un ennemi se présentant toujours en forces supérieures, sans que le quartier général de l'ex-empereur sut rien faire pour combiner une forte action commune, ni pour relier entre eux tous ces corps d'armée, où chaque commandant opérait sans s'occuper de ce qui se passait à dix lieues sur ses ailes.

La seconde partie de la guerre présenta-t-elle un tel désarroi, une telle confusion? Quel corps d'armée fut jamais surpris par un corps ennemi trois et quatre fois plus nombreux, et fut anéanti comme ceux du général Frossard ou du maréchal de Mac-Mahon? Ce résultat n'est-il point dû à la forte direction centrale et à son action constante? Nous ne voyons guère, dans cet ordre de faits, que le général de Thann qui, à Coulmiers, fut surpris, avec 18,000 combattants, par les 70,000 hommes du général d'Aurelles. On a voulu aussi, comme vous savez, Monsieur, faire des critiques profondes et sagaces sur les emprunts nombreux faits par le ministre de la guerre de la Délégation à *l'élément civil*, et sur cette opinion que cet élément donnerait ce que l'élément militaire n'avait pu fournir. Vous appréciez, comme nous, ces critiques, qui n'ont d'autre but que de diviser à nouveau la nation et d'en mettre les diverses parties en opposition, en rivalité, en lutte peut-être : ce ne peut être là que le langage d'un mauvais citoyen ou en tout cas celui d'un esprit superficiel et tout entier aux vieux errements des sociétés monarchiques. Quel antagonisme peut-il exister entre l'élément civil et l'élément militaire? L'un n'est-il pas la nation même où l'autre se recrute incessamment, trouve sa force, sa considération, sa vie? Nous avons vu encore, par les épouvantables catastrophes de la campagne conduite d'une part par le maréchal de Mac-Mahon et l'ex-empereur, puis enfin par le maréchal Bazaine, où les prétentions exclusives des spécialités souvent si ignorantes, toujours si vaniteuses et hautaines, peuvent conduire un pays, où aboutissent les ambitions d'un élément qui veut s'isoler dans la nation, vivre d'une vie à part, et finit par tomber honteusement dans sa stérilité et son impuissance, parce que le peuple n'est plus derrière lui avec un génie viril et fécond pour le soutenir, le réconforter, lui inspirer la confiance, la sécurité, la moralité et le patriotisme.

La conduite politique du ministre de l'intérieur n'est pas moins digne d'attention et d'étude ; elle fut, à notre sens, telle qu'elle devait être ; elle montra, dès les premiers jours, qu'à l'égard des familles déchues nulle condescendance fâcheuse et imprudente ne viendrait inquiéter le pays. Chez une nation telle que la nation française, longtemps gouvernée par des rois, ne convient-il pas de rompre violemment avec les personnes comme avec les institutions royales, et ne point subordonner la sécurité publique à une prétendue équité, à une fausse justice dont les fâcheuses conséquences montrent irréfutablement l'inanité et les erreurs. Le décret qui fut annulé par le gouvernement de Paris, et qui excluait de l'éligibilité toutes les familles déchues du trône, les anciens candidats officiels et les anciens préfets de l'Empire, n'était que l'exagération de ce salutaire esprit de défiance ; mais il n'en reposait pas moins sur de véritables tendances démocratiques, sur de salutaires aspirations vers une morale publique et une responsabilité effective. Les complaisances, les coquetteries du pouvoir exécutif actuel et de l'Assemblée nationale vis-à-vis les princes d'Orléans ne seraient, sans doute, point renouvelées par l'Assemblée nouvelle et le pouvoir exécutif qui en serait sorti : il n'est point nécessaire de parler de l'attitude qui serait tenue vis-à-vis le bonapartisme et ceux qui osent encore s'en déclarer impudemment les partisans ; ce parti monarchique, plus que les autres, avant tous les autres, *doit* disparaître à jamais. Quant aux décrets qui frappaient des magistrats indignes, qui oserait les attaquer, sous le prétexte spécieux que le principe de l'inamovibilité de la magistrature était violée ? Nous sommes étonné d'apprendre qu'il est des principes que l'on ne craint pas de mettre au-dessus du respect dû à l'honnêteté et à la moralité publiques. Le décret de dissolution des conseils généraux, si fort critiqué, n'était-il point assez justifié au milieu d'événements aussi formidables par les attaques dirigées contre la délégation de la défense par un grand nombre d'entre eux, derniers vestiges des élections officielles impériales, foyers de réaction coupable où se trouvaient encore la plupart des anciens membres du Corps législatif dissous ? Plusieurs de ces conseils n'avaient-ils point osé même refuser de voter les fonds nécessaires à l'artillerie départementale ? De tels actes eussent pu même justifier, de la part de ceux qu'on accusait de dictature, de plus énergiques mesures.

Comme nous le disions plus haut, Monsieur, la manière habile dont le ministre de l'intérieur a su contenir les agitations passionnées des ultra-radicaux et des socialistes dits révolutionnaires, dans certaines grandes villes, a été la véritable marque d'un talent politique supérieur ;

remises en la voie patriotique où leur vigueur et leur ardeur belliqueuse pouvaient servir, ces passions ont heureusement contribué à la défense de la patrie; les mobilisés du Rhône, de Lyon, ne sont point notamment les bataillons qui se sont faits le moins remarquer sur les champs de bataille. Vous pensez comme nous, avec raison, que, quelles que soient les circonstances au milieu desquelles elles se produisent, quels que soient leurs motifs, les guerres civiles sont choses redoutables et fatales, et qu'il faut systématiquement s'efforcer de conjurer. Si, dans notre histoire, une époque devait être vierge de ces récits déplorables de luttes intestines, c'était bien la nôtre, c'était celle qui succédait aux désastres de la guerre avec la Prusse. Il n'en a point été ainsi, il nous a fallu assister au plus sanglant déchirement intérieur. Ce n'est point ici le lieu de déterminer la part de responsabilité qui revient aux deux parties adverses, mais qu'il nous soit permis de dire qu'un pouvoir exécutif et une Assemblée plus profondément imbus de principes vraiment libéraux et démocratiques, plus intelligents des conditions sociales nouvelles, moins portés aux souvenirs du passé, plus jeunes, eussent agi autrement que le président actuel de la République et l'Assemblée de Versailles, et se fussent efforcés de conjurer, par des concessions et des tendances conformes à la situation et à ses exigences réformatrices, l'épouvantable catastrophe qui menaçait encore la patrie. Nous croyons, pour nous, que cette guerre dite des *communeux*, avec les hontes et les malheurs de tout genre qui l'ont accompagnée, eût pu être évitée avec un peu de cette souplesse, de cette habileté politique, de ce génie intelligent et novateur que nous louons dans le ministre de l'intérieur de la Délégation de la défense. M. Gambetta n'eût point tourné vers un tel but, vers une répression aussi longue et sanglante, la juste popularité que son activité courageuse et organisatrice avait pu lui conquérir dans l'armée. Certes, il a su, avec une sincérité qui l'honore, blâmer « les excès qui ont été commis et les crimes qui ont marqué la chute de la Commune à Paris, » mais ils lui eussent répugné et il n'eût point couvert de son nom ces longs emprisonnements préventifs sur les pontons, ces exportations et autres condamnations terribles. Par le canal de ses ministres, l'Assemblée nationale eût eu à se prononcer, dans de brefs délais, sur l'amnistie qui rendait à la société et à leurs familles la foule des égarés. La justice n'eût atteint ainsi que les crimes de droit commun, elle n'eût pas semblé poursuivre de persécutions politiques ceux qui n'étaient coupables que d'avoir loyalement combattu pour défendre la République qu'ils croyaient menacée.

Je ne puis, avant d'aller plus loin, Monsieur, m'abstenir de vous faire part de quelques réflexions pénibles suggérées par l'attitude peu bienveillante et quasi jalouse des républicains de vieille date, de plusieurs des hommes de 1848. Cette génération vieillie ne vous a-t-elle point paru n'avoir pas salué, comme elle devait, les plus jeunes qui se levaient à leur tour pour continuer l'œuvre de leurs pères, réparer leurs fautes et les faire oublier. Les hommes de la seconde République ont été les créateurs du suffrage universel, notre grand, notre seul moteur politique, mais par une étrange et inconcevable erreur, ils ont négligé de l'accompagner et de le faire suivre de tous ses corollaires nécessaires, nous voulons dire de toutes les institutions organiques républicaines et démocratiques qui peuvent assurer le fonctionnement intelligent, inviolable et continu du suffrage universel en même temps que la fondation d'un gouvernement libre ; ils ont constitué surtout cette école de républicains si bien nommés républicains formalistes, qui avait jusqu'alors représenté presque exclusivement l'opposition sous l'Empire et paru l'expression fidèle du parti républicain tout entier.

M. Gambetta, dans une de ces pages éclatantes, dans un de ces magnifiques aperçus de philosophie générale et de science politique qu'il laisse échapper souvent de sa plume, puissante comme sa parole, a montré les erreurs de ce parti, « qui se contente d'une pure devise, qui a conservé jusqu'ici toutes les institutions monarchiques et qui s'accommode de compromis et d'alliances souvent coupables, toujours funestes. » L'histoire contemporaine ne confirme que trop ce sévère jugement. Qui croirait qu'entre ces personnages figure un de nos grands écrivains qui, pour n'être point exclusivement politique, a pourtant touché d'assez près la discussion des affaires publiques, en 1848 notamment, George Sand? On attendait peut-être mieux d'une âme, d'un talent si éminemment français, et la surprise, le mécontentement ont été grands quand on a pu lire, dans le *Journal d'un voyageur pendant la guerre*, des appréciations d'une flagrante iniquité, des jugements empreints de mauvais vouloir et de malveillance, et même, faut-il le dire, des insinuations, des accusations qui frisent la calomnie, et qu'il eût mieux valu laisser seulement proférer aux systématiques ennemis intérieurs ou extérieurs de la France et de la démocratie. Si George Sand avait jugé séant de s'en tenir à attaquer le chef de la délégation provinciale comme écrivain, déclarant qu'il n'était qu' « un publiciste déplorable, qu'il était verbeux et obscur, que son enthousiasme avait l'expression vulgaire, que ce n'était que la rengaine emphatique dans toute sa platitude *(sic)*, » qu'il n'était « qu'un comédien, » que « le prestige de son voyage en ballon s'était évanoui parce que quantité d'autres ballons étaient tombés de tous côtés, » nous pourrions sourire et nous détourner en soulevant les épaules ; mais l'ami du patriote Barbès, de Barbès qui, dans sa prison, tressaillait d'orgueil et de joie à la nouvelle de la guerre de Crimée, n'a point voulu s'en tenir à ces appréciations littéraires, il a porté plus loin sa critique sur les actes mêmes de la défense. Dans des pages écourtées, sans ampleur, sans vue d'ensemble, ni appréciations sérieuses, entremêlant des narrations intimes et familières sur les incidents privés qu'amène chaque jour, sans s'arrêter à quelques réflexions raisonnées et pratiques sur la situation générale si déplorable faite par l'Empire écroulé, sur l'inaction de Paris, sur les difficultés presque domptées, les obstacles presque vaincus, sans constater l'immense et patriotique effort, sans reconnaître l'héroïsme des intentions et des actes, il va de ci de là, et d'une plume légère condamne, se plaint, récrimine :

« Le dictateur exige sans humanité tous les services. Le dictateur a beaucoup trop d'hommes pour avoir assez de soldats. Le dictateur dégarnit les ateliers et laisse la charrue oisive. Le dictateur fait trop peu de canons. »

Plus loin, inconséquence bizarre, il approuve « une résistance que l'honneur commande. » Et le dernier mot de ces étrangetés est, chose à peine croyable, « un cri de *malédiction* jeté à celui qui ne nous a menés qu'au désespoir et a livré par ses fautes la France aux Prussiens. » Cette odieuse phrase, que nous avons citée textuellement, ne devrait-elle point s'adresser à l'empereur Napoléon III? Il est triste de voir jusqu'à quel point d'incompréhensible, d'injustifiable malveillance, les meilleurs esprits peuvent s'égarer.

Supportant patiemment les injures, les accusations mensongères, les calomnies passionnées, les appréciations erronées des esprits d'élite, comme les jugements légers et rapides des esprits superficiels et mobiles, fort du devoir accompli et de la reconnaissance du plus grand nombre, l'ancien chef de la Délégation du gouvernement de la défense sait tout attendre de l'équitable histoire et aussi de la foule patriotique et juste de ses contemporains demeurée presqu'en entier sourde à ces dénigrements et à ces haines qui ne devraient venir que de l'étranger, de l'ennemi.

L'usurpateur, le dictateur dangereux qui a su se créer, d'après ses ennemis, un parti au sein de la nation, le parti gambettiste, se recrutant dans l'armée, la marine, l'administration, la magistrature, gonflé de prétentions coupables et tout prêt pour les aventures, est rentré dans le sein de la nation, simple représentant, et donne aux conspirateurs monarchistes l'exemple patriotique du respect des lois et de la souveraineté nationale. Toutes les fois que cet agitateur a élevé la voix devant ces concitoyens, il n'a fait entendre qu'un langage scientifique, grave, raisonné, pacifique, et il nous sera bien permis de le rapprocher des programmes et des manifestes remplis d'excitations à la guerre civile, élucubrés soit par les bonapartistes, soit par les légitimistes et orléanistes, soit par les membres du clergé catholique. Vous vous souvenez, Monsieur, du passage de l'admirable discours de Bordeaux, dans lequel il traçait le rôle d'une opposition républicaine parlementaire. La France n'avait pas depuis longtemps entendu d'aussi nobles et saines paroles : « Aux plus sages! aux plus dignes! s'écria le grand orateur, en parlant de l'exercice du pouvoir. C'est une gageure qu'on doit accepter. Ce n'est pas une formule nouvelle pour les républicains ; c'est leur dogme de ne voir attribuer les fonctions publiques qu'au mérite et à la vertu. C'est à ce respect du mérite et de la moralité que nous avons vainement rappelé l'Empire ; c'était même parce que la morale s'oppose à toute transaction avec un pouvoir fondé sur le crime et maintenu par la corruption, que notre opposition était alors irréconciliable et révolutionnaire.

« Aujourd'hui, l'opposition, sous le gouvernement républicain, change de caractère et modifie sa nature et ses plans de conduite ; elle doit presser et contrôler et non détruire. Oui, nous serons respectueux de votre autorité, respectueux de votre légalité, respectueux de vos choix, mais nous n'abandonnons pas le droit de critique et de réforme ; et comme nous n'avons jamais demandé de faveur à personne, nous laisserons le suffrage universel prononcer entre ceux qui nous dédaignent et ceux qui ont eu la patience et la constance de lutter pour la République et la liberté.

« Je voudrais, dit-il encore, que notre opposition fût une opposition de gouvernement ; je voudrais n'y apporter d'autre préoccupation que celle de faire le bien ou forcer les autres à le faire, car je connais une passion plus vive que celle d'exercer le pouvoir, c'est de surveiller avec équité, avec fermeté, avec bon sens, un pouvoir loyal, et, sous la simple pression des idées et de l'esprit public, voir accomplir par d'autres mains que les siennes les réformes les plus éclatantes. »

Pour nous, nous ne voyons dans ces paroles que la pensée et le langage d'un grand et honnête citoyen, d'un véritable homme d'État. Par ces discours, par les lettres qu'il a publiées aussi, il a montré plus d'une fois comment il concevait la régénération de la patrie, quelles vastes réformes étaient indiquées, quels plans nouveaux et conformes aux circonstances pouvaient être appliqués. L'éducation, l'instruction nationales reviennent, pour ainsi dire, à chacune de ses pensées; n'est-ce point-là la solide base, en effet, sur laquelle notre nouvel édifice doit se reconstruire et reposer. « Il faut se retourner vers les ignorants et les déshérités, dit aussi le discours de Bordeaux, et faire du suffrage universel, qui est la force par le nombre, le pouvoir éclairé par la raison. »

Et plus loin :

« Le jour où il sera bien entendu que nous n'avons pas d'œuvre plus grande et plus pressante à faire (celle de l'éducation et de l'enseignement de la nation entière), que nous devons laisser de côté, ajourner toutes les autres réformes, que nous n'avons qu'une tâche, instruire le peuple, répandre l'éducation et la science à flots, ce jour, une grande étape sera marquée vers notre régénération; mais il faut que notre action soit double, qu'elle porte sur le développement de l'esprit et du corps. Il faut, selon une exacte définition, que dans chaque homme elle nous donne une intelligence réellement servie par les organes. Je ne veux pas seulement que cet homme pense, lise et raisonne, je veux qu'il puisse agir et combattre.

« Il faut mettre partout, à côté de l'instituteur, le gymnaste et le militaire, afin que nos enfants, nos soldats, nos concitoyens soient tous aptes à tenir une épée, à manier un fusil, à faire de longues marches, à passer les nuits à la belle étoile, à supporter vaillamment toutes les épreuves pour la patrie. »

Mais nous entendons déjà émettre autour de nous cette crainte et répéter que le nom de celui qui, le 28 janvier 1871, personnifiait la guerre à outrance, ne saurait être une garantie contre des éventualités belliqueuses, des projets guerriers trop rapides, que non plus en Europe qu'en France ce nom ne serait le gage d'une paix nécessaire à la sécurité des uns et au travail de notre propre réorganisation. Ces craintes nous toucheraient si l'ancien chef du gouvernement de Tours et de Bordeaux n'avait pris, en quelque sorte, soin, comme instinctivement, d'aller au devant d'elles pour les calmer et les réduire. Nous ne pensons pas qu'il y ait quelqu'un dans notre pays qui n'ait jugé, en présence des formidables armements des grands peuples de l'Europe, que notre réorganisation militaire ne fût absolument nécessaire. Il est permis de dire que notre sécurité et l'intégrité du reste de notre sol, démembré hier, en dépendent. D'ailleurs, ne comptons-nous pas que cette réorganisation militaire contribuera d'une manière puissante à notre régénération morale, en inculquant à tous les membres de nos générations des sentiments et des vertus jusqu'alors inconnus à leur mollesse et à leur indifférence. Nous ne pensons pas qu'il y ait quelqu'un dans notre pays qui n'ait jugé et souhaité que cette réorganisation spéciale et cette régénération ne pussent servir un jour à reprendre le rang que nous avons perdu et l'ascendant qu'un grand peuple ne saurait dignement cesser de désirer et de poursuivre. Il convient de rappeler ici les propres paroles de M. Gambetta, soit dans le discours de Bordeaux, soit dans sa lettre-programme, à propos des élections aux conseils généraux, et l'on verra que si, autant que le plus ardent patriote, l'ancien ministre de la guerre désire voir à la France la force, le lustre et l'influence de ses grands jours, ce n'est point par des à-coups, des surprises, qu'il désire voir exaucer ces vœux patriotiques :

« Aujourd'hui, dit-il, l'intérêt de la patrie nous commande de ne pas prononcer de mots imprudents, de clore nos lèvres et de refouler au fond du cœur nos ressentiments, de reprendre à pied-d'œuvre ce grand ouvrage de la régénération nationale, d'y mettre tout le temps nécessaire, afin de faire œuvre qui dure. »

Et encore : « C'est par l'application suivie d'une pareille méthode à l'intérieur (travail, économie, enquêtes de toute sorte, démonstration de la nécessité de réformes radicales, d'institutions organiques, républicaines, etc.) que la démocratie parviendra à mettre en œuvre ses admirables ressources et les trésors de force et de puissance que recèle notre grand pays, et qu'il sera permis à la France de reprendre sans précipitation, sans aventures, le rang qui lui appartient dans le monde, de ressaisir les provinces violemment arrachées et de faire de son intégrité restaurée le gage de la paix européenne. »

Un tel langage est bien fait, n'est-il pas vrai, Monsieur,

pour faire pressentir une politique extérieure également éloignée des chimères aventureuses de ceux-ci, cosmopolites de ceux-là, prudente, rationnelle, ferme, digne, et dans laquelle l'honneur et les véritables intérêts de la nation ne seront point follement engagés par des audaces de brouillon ou des faiblesses, d'inhabiles silences et de honteux reculs.

Nous toucherions beaucoup d'autres sujets encore, Monsieur, où l'ancien ministre de la guerre et de l'intérieur nous a paru apporter des idées, des plans entièrement conformes aux besoins nouveaux, aux exigences de la période qui s'ouvre, et qui montre combien il comprend toutes les nouvelles conditions sociales du présent et de l'avenir. Il nous suffit, cette fois, d'avoir touché les points principaux et de vous avoir donné sur tous notre sentiment sincère et désintéressé. C'est avec un tel concours que nous désirons voir la réorganisation du pays commencer et se continuer, car si la nation doit brutalement repousser les hommes dits providentiels, elle ne peut pas ne point se servir de ses meilleurs et plus grands citoyens. Nous nous sommes, en ces quelques pages, souvent tu pour laisser parler le grand orateur. Le dernier mot qui résume notre pensée entière sera encore de lui. C'est à Lille, en janvier dernier, qu'il le prononçait, exhortant les courages à la lutte contre les envahisseurs, comme on le pourrait prononcer aujourd'hui pour exciter au grand travail qui doit aboutir à la défaite complète des monarchistes et à notre propre amélioration :

« Pas de faiblesse, ô mes chers concitoyens ! Si nous ne désespérons pas, nous sauverons la France. Faisons-nous un cœur et un front d'airain, et la République libératrice sera fondée.

« Quand cet heureux jour viendra, quand vos efforts, unis aux nôtres, auront affranchi la France entière, on verra si nous sommes des hommes de guerre, si nous sommes des destructeurs, si nous dilapidons les finances, si nous ne cherchons pas, au contraire, à favoriser les arts qui ennoblissent l'humanité, l'industrie et le commerce, qui assurent les relations et enrichissent les peuples, si nous ne tendons pas de tous nos efforts vers les bienfaits d'une paix loyale et féconde.

« On verra alors si nous sommes des dictateurs et si notre plus grande passion ne sera pas de rentrer dans la foule dont nous sommes sortis, dans cette foule, réservoir inépuisable de toutes les nobles pensées, où chacun de nous doit se retremper. On verra enfin que, si je suis possédé de la passion démocratique qui ne souffre point l'invasion étrangère, je suis profondément animé de la foi républicaine qui a horreur de la dictature. »

Paris, 23 octobre 1871

L. F.